1

Die Sterntaler

Es war einmal ein kleines Mädchen, dem waren Vater und Mutter gestorben, und es war so arm, dass es kein Kämmerchen mehr hatte, darin zu wohnen, und kein Bettchen mehr hatte, darin zu schlafen, und endlich gar nichts mehr als die Kleider auf dem Leib und ein Stückchen Brot in der Hand, das ihm ein mitleidiges Herz geschenkt hatte. Es war aber gut und fromm. Und weil es so von aller Welt verlassen war, ging es im Vertrauen auf den lieben Gott hinaus ins Feld. Da begegnete ihm ein armer Mann, der sprach: »Ach, gib mir etwas zu essen, ich bin so hungrig.« Es reichte ihm das ganze Stückchen Brot und sagte: »Gott segne dir's«, und ging weiter. Da kam ein Kind, das jammerte und sprach: »Es friert mich so an meinem Kopfe, schenk mir etwas, womit ich ihn bedecken kann.« Da tat es seine Mütze ab und gab sie ihm. Und als es noch eine Weile gegangen war, kam wieder ein Kind und hatte kein Leibchen an und fror: Da gab es ihm seins; und noch weiter, da bat eins um ein Röcklein, das gab es auch von sich hin. Endlich gelangte es in einen Wald und es war schon dunkel geworden, da kam noch eins und bat um ein Hemdlein und das fromme Mädchen dachte: »Es ist dunkle Nacht, da sieht dich niemand, du kannst wohl dein Hemd weggeben«, und zog das Hemd aus und gab es auch noch hin. Und wie es so stand und gar nichts mehr hatte, fielen auf einmal die Sterne vom Himmel und waren lauter blanke Taler; und ob es gleich sein Hemdlein weggegeben, so hatte es ein neues an, und das war vom allerfeinsten Leinen. Da sammelte es sich die Taler hinein und war reich für sein Lebtag.

Brüder Grimm

2

Der Schneemann

Eine so wunderbare Kälte ist es, dass mir der ganze Körper knackt!«, sagte der Schneemann. »Der Wind kann einem wirklich Leben einbeißen. Und wie die Glühende dort glotzt!« Er meinte die Sonne, die gerade im Untergehen begriffen war. »Mich soll sie nicht zum Blinzeln bringen, ich werde schon die Stückchen festhalten.«

Er hatte nämlich statt der Augen zwei große, dreieckige Stückchen von einem Dachziegel im Kopf. Sein Mund bestand aus einem alten Rechen, folglich hatte sein Mund auch Zähne. Geboren war er unter dem Jubelruf der Knaben, begrüßt vom Schellengeläut und Peitschenknall der Schlitten.

Die Sonne ging unter, der Vollmond ging auf, rund, groß, klar und schön in der blauen Luft. »Da ist sie wieder von einer anderen Seite!«, sagte der Schneemann. Damit wollte er sagen: Die Sonne zeigt sich wieder. »Ich habe ihr doch das Glotzen abgewöhnt! Mag sie jetzt dort hängen und leuchten, damit ich mich selber sehen kann. Wüsste ich nur, wie man es macht, um von der Stelle zu kommen! Ich möchte mich gar zu gern bewegen! Wenn ich es könnte, würde ich jetzt dort unten auf dem Eis hingleiten, wie ich die Knaben gleiten gesehen habe. Allein ich verstehe mich nicht darauf, weiß nicht, wie man läuft.«

»Weg! Weg!«, bellte der alte Kettenhund. Er war etwas heiser und konnte nicht mehr das echte »Wau! Wau!« aussprechen. Die Heiserkeit hatte er sich geholt, als er noch Stubenhund war und unter dem Ofen lag. »Die Sonne wird dich schon laufen lehren! Das habe ich vorigen Winter an deinem Vorgänger und noch früher an dessen Vorgänger gesehen. Weg! Weg! Und weg sind sie alle!«

»Ich verstehe dich nicht, Kamerad«, sagte der Schneemann. »Die dort oben soll mich laufen lehren?« Er meinte den Mond. »Ja, laufen tat sie freilich vorhin, als ich sie fest ansah. Jetzt schleicht sie heran von einer anderen Seite.« ➤

»Du weißt gar nichts!«, entgegnete der Kettenhund. »Du bist aber auch eben erst aufgekleckst
worden. Der, den du da siehst, das ist der Mond.
Die, welche vorhin davongegangen ist, das war
die Sonne. Sie kommt morgen wieder, sie wird dich
schon lehren, in den Wallgraben hinabzulaufen. Wir
kriegen bald anderes Wetter, ich fühle es schon in meinem linken
Hinterbein, es sticht und schmerzt. Das Wetter wird sich ändern!«
»Ich verstehe ihn nicht«, sagte der Schneemann. »Aber ich habe es im
Gefühl, dass es etwas Unangenehmes ist, was er spricht. Sie, die so
glotzte und sich alsdann davonmachte, die Sonne, wie er sie nennt,
ist auch nicht meine Freundin, das habe ich im Gefühl!«
»Weg! Weg!«, bellte der Kettenhund, ging dreimal um sich selbst herum und kroch dann in seine Hütte, um zu schlafen.
Das Wetter änderte sich wirklich. Gegen Morgen lag ein dicker,
feuchter Nebel über der ganzen Gegend. Später kam der Wind, ein
eisiger Wind. Das Frostwetter packte einen ordentlich, aber als die
Sonne aufging, welche Pracht! Bäume und Büsche waren mit Reif
überzogen, sie glichen einem ganzen Wald von Korallen, alle Zweige
schienen mit strahlend weißen Blüten über und über besät. Die vie-

len und feinen Verästelungen, die der Blätterreichtum während der Sommerzeit verbirgt, kamen jetzt alle zum Vorschein. Es war wie ein Spitzengewebe, glänzend weiß, aus jedem Zweig strömte ein weißer Glanz. Die Hängebirke bewegte sich im Wind, sie hatte Leben wie alle Bäume im Sommer. Es war wunderbar und schön! Und als die Sonne schien, nein, wie flimmerte und funkelte das Ganze. Als läge Diamantenstaub auf allem und als flimmerten auf dem Schneeteppich des Erdbodens die großen Diamanten, oder man konnte sich auch vorstellen, dass unzählige kleine Lichter leuchteten, weißer selbst als der weiße Schnee.

»Das ist wunderbar schön!«, sagte ein junges Mädchen, das mit einem jungen Mann in den Garten trat. Beide blieben in der Nähe des Schneemanns stehen und betrachteten von hier aus die flimmernden Bäume. »Einen schöneren Anblick gewährt der Sommer nicht!«, sprach sie und ihre Augen strahlten. »Und so einen Kerl wie diesen hier hat man im Sommer erst recht nicht«, erwiderte der junge Mann und zeigte auf den Schneemann. »Er ist hübsch.« Das junge Mädchen lachte, nickte dem Schneemann zu und tanzte darauf mit ihrem Freund über den Schnee dahin, der unter ihren Schritten knarrte und pfiff, als gingen sie auf Stärkemehl. ≫▸

4

»Wer waren die beiden?«, fragte der Schneemann.

»Liebesleute!«, gab der Kettenhund zur Antwort. »Sie werden in eine Hütte ziehen und zusammen am Knochen nagen. Weg! Weg!«

»Sind denn die beiden auch solche Wesen wie du und ich?«, fragte der Schneemann.

»Die gehören ja zur Herrschaft!«, versetzte der Kettenhund. »Freilich weiß man sehr wenig, wenn man den Tag zuvor erst zur Welt gekommen ist. Ich merke es dir an! Ich habe das Alter und auch die Kenntnisse. Ich kenne alle hier im Haus und auch eine Zeit habe ich gekannt, da lag ich nicht hier in der Kälte und an der Kette. Weg! Weg!«

»Die Kälte ist herrlich!«, sprach der Schneemann. »Erzähle, erzähle! Aber du darfst nicht mit den Ketten rasseln. Es knackt in mir, wenn du das tust.«

»Weg! Weg!«, bellte der Kettenhund. »Ein kleiner Welpe bin ich gewesen, klein und niedlich, sagte man. Damals lag ich auf einem mit Samt überzogenen Stuhl dort oben im Herrenhaus, im Schoß der obersten Herrschaft. Mir wurde die Schnauze geküsst und die Pfoten wurden mir mit einem gestickten Taschentuch abgewischt. Ich hieß Ami! Lieber Ami! Süßer Ami! Aber später wurde ich ihnen dort oben zu groß und sie schenkten mich der Haushälterin. Ich kam in die Kellerwohnung! Du kannst dorthin hinunterschauen, wo ich Herrschaft gewesen bin, denn das war ich bei der Haushälterin. Es war zwar ein geringerer Ort als oben, aber er war gemütlicher. Ich wurde nicht in einem fort von Kindern angefasst und gezerrt wie oben. Ich bekam ebenso gutes Futter wie früher, ja besseres noch! Ich hatte mein eigenes Kissen und ein Ofen war da, der ist um diese Zeit das Schönste von der Welt! Ich ging unter den Ofen, konnte mich darunter ganz verkriechen. Ach, von ihm träume ich noch. Weg! Weg!«

»Sieht denn ein Ofen so schön aus?«, fragte der Schneemann. »Hat er Ähnlichkeit mit mir?«

»Der ist gerade das Gegenteil von dir! Rabenschwarz ist er, hat einen langen Hals mit Messingtrommel. Er frisst Brennholz, dass ihm das Feuer aus dem Munde sprüht. Man muss sich an der Seite von ihm halten, dicht daneben, ganz unter ihm, da ist es sehr angenehm. Durch das Fenster wirst du ihn sehen können, von dort aus, wo du stehst.« ➤

Und der Schneemann schaute danach und gewahrte einen blank polierten Gegenstand mit messingener Trommel. Das Feuer leuchtete von unten heraus. Dem Schneemann wurde ganz wunderlich zumute, es überkam ihn ein Gefühl, er wusste selber nicht welches, er konnte sich keine Rechenschaft darüber ablegen. Aber alle Menschen, wenn sie nicht Schneemänner sind, kennen es.

»Und warum verließest du sie?«, fragte der Schneemann. »Wie konntest du nur einen solchen Ort verlassen?«

»Ich musste wohl!«, sagte der Kettenhund. »Man warf mich zur Tür hinaus und legte mich hier an die Kette. Ich hatte den jüngsten Junker ins Bein gebissen, weil er mir den Knochen wegstieß, an dem ich nagte. Knochen um Knochen, so denke ich! Das nahm man mir aber sehr übel und von dieser Zeit an bin ich an die Kette gelegt worden und habe meine Stimme verloren. Hörst du nicht, dass ich heiser bin? Ich kann nicht mehr so sprechen wie die anderen Hunde: Weg! Weg! Das war das Ende vom Lied!«

Der Schneemann hörte ihm aber nicht mehr zu, er schaute immerfort in die Kellerwohnung der Haushälterin, in ihre Stube hinein, wo der Ofen auf seinen vier eisernen Beinen stand und sich in derselben Größe zeigte wie der Schneemann. »Wie das sonderbar in mir knackt!«, sagte er. »Werde ich nie dort hineinkommen? Es ist doch ein unschuldiger Wunsch und unsere unschuldigen Wünsche werden gewiss in Erfüllung gehen. Ich muss dort hinein, ich muss mich an ihn anlehnen, und wollte ich auch das Fenster eindrücken!«

»Dort hinein wirst du nie gelangen!«, sagte der Kettenhund. »Und kommst du an den Ofen hin, so bist du weg! Weg!« »Ich bin schon so gut wie weg!«, erwiderte der Schneemann. »Ich breche zusammen, glaube ich.« Den ganzen Tag stand der Schneemann und schaute durchs Fenster hinein. In der Dämmerstunde wurde die Stube noch einladender. Vom Ofen her leuchtete es mild, gar nicht wie der Mond, nicht wie die Sonne. Nein, wie nur der Ofen leuchten kann, wenn er etwas zu verspeisen hat. Wenn die Stubentür aufging, hing ihm die Flamme zum Munde heraus, diese Gewohnheit hatte der Ofen. Es flammte deutlich rot auf um das weiße Gesicht des Schneemannes, es leuchtete rot seine ganze Brust herauf. »Ich halte es nicht mehr aus!«, sagte er. »Wie schön es ihr steht, die Zunge so herauszustrecken!« ⟩⟩▸

Die Nacht war lang, dem Schneemann ward sie aber nicht lang, er
stand in seine eigenen schönen Ge-
danken vertieft, und die froren, dass
es knackte.

Am Morgen waren die Fensterscheiben der Kellerwohnung mit Eis bedeckt. Sie trugen die schönsten Eisblumen, die nur ein Schneemann
verlangen konnte, allein sie verbar-
gen den Ofen. Die Fensterscheiben wollten nicht auftauen. Er konnte den Ofen nicht sehen, den er sich als ein so liebliches weibliches
Wesen dachte. Es knackte und knickte in ihm und rings um ihn
her. Es war gerade so ein Frostwetter, an dem ein Schneemann seine
Freude haben musste. Er aber freute sich nicht – wie hätte er sich
auch glücklich fühlen können, er hatte Ofensehnsucht.

»Das ist eine schlimme Krankheit für einen Schneemann«, sagte der
Kettenhund. »Ich habe an der Krankheit gelitten. Aber ich habe sie
überstanden. Weg! Weg!«, bellte er. »Wir werden anderes Wetter bekommen!«, fügte er hinzu.

Und das Wetter änderte sich. Es wurde Tauwetter. Das Tauwetter nahm zu, der Schneemann nahm ab. Er sagte nichts, er klagte nicht und das ist das richtige Zeichen. Eines Morgens brach er zusammen. Und sieh, es ragte so etwas wie ein Besenstiel da, wo er gestanden hatte, empor. Um den Stiel herum hatten die Knaben ihn aufgebaut. »Ja, jetzt begreife ich es, jetzt verstehe ich es, dass er die große Sehnsucht hatte!«, sagte der Kettenhund. »Da ist ja ein Eisen zum Ofenreinigen an dem Stiel, der Schneemann hat einen Ofenkratzer im Leib gehabt! Das ist es, was sich in ihm geregt hat. Jetzt ist es überstanden. Weg! Weg!«

Und bald darauf war auch der Winter überstanden.

»Weg! Weg!«, bellte der heisere Kettenhund, aber die Mädchen aus dem Hause sangen: »Waldmeister grün! Hervor aus dem Haus. Weide! Die wollenen Handschuhe aus. Lerche und Kuckuck! Singt fröhlich drein, Frühling im Februar wird es sein!«

Ich singe mit: «Kuckuck! Kiwitt! Komm, liebe Sonne, komm oft – kiwitt!«

Und niemand denkt mehr an den Schneemann.

Hans Christian Andersen

Frau Holle

Eine Witwe hatte zwei Töchter, davon war die eine schön und fleißig, die andere hässlich und faul. Sie hatte aber die hässliche und faule, weil sie ihre rechte Tochter war, viel lieber, und die andere musste alle Arbeit tun und das Aschenbrödel im Hause sein. Das arme Mädchen musste sich täglich auf die große Straße bei einem Brunnen setzen und musste so viel spinnen, dass ihm das Blut aus den Fingern sprang. Nun trug es sich zu, dass die Spule einmal ganz blutig war, da bückte es sich damit in den Brunnen und wollte sie abwaschen: Sie sprang ihm aber aus der Hand und fiel hinab. Es weinte, lief zur Stiefmutter und erzählte ihr das Unglück. Sie schalt es aber so heftig und war so unbarmherzig, dass sie sprach: »Hast du die Spule hinunterfallen lassen, so hol sie auch wieder herauf.« Da ging das Mädchen zu dem Brunnen zurück und wusste nicht, was es anfangen sollte: Und in seiner Herzensangst sprang es in den Brunnen hinein, um die Spule zu holen. Es verlor die Besinnung, und als es erwachte und wieder zu sich selber kam, war es auf einer schönen Wiese, wo die Sonne schien und viel tausend Blumen standen. Auf dieser Wiese ging es fort und kam zu einem Backofen, der war voller Brot; das Brot aber rief: »Ach, zieh mich raus, zieh mich raus, sonst verbrenn ich, ich bin schon längst ausgebacken.« Da trat es herzu und holte mit dem Brotschieber alles nacheinander heraus. Danach ging es weiter und kam zu einem Baum, der hing voll Äpfel und rief ihm zu: »Ach, schüttel mich, schüttel mich, wir Äpfel sind alle miteinander reif.« Da schüttelte es den Baum, dass die Äpfel fielen, als regneten sie, und schüttelte, bis keiner mehr oben war; und als es alle in einen Haufen zusammengelegt hatte, ging es wieder weiter. Endlich kam es zu einem kleinen Haus, daraus guckte eine alte Frau, weil sie aber so große Zähne hatte, ward ihm angst, und es wollte fortlaufen. Die alte Frau aber rief ihm nach: »Was fürchtest du dich, liebes Kind? Bleib bei mir, wenn du alle Arbeit im Hause ordentlich tun willst, so soll dir's gut gehen. Du musst nur achtgeben, dass du mein Bett gut machst und es fleißig aufschüttelst, dass die Federn fliegen, dann schneit es in der Welt; ich bin Frau Holle.« »→

Weil die Alte ihm so gut zusprach, so fasste sich das Mädchen ein Herz, willigte ein und begab sich in ihren Dienst. Es besorgte auch alles zu ihrer Zufriedenheit und schüttelte ihr das Bett immer gewaltig auf: dass die Federn wie Schneeflocken umherflogen; dafür hatte es auch ein gutes Leben bei ihr, kein böses Wort und alle Tage Gesottenes und Gebratenes. Nun war es eine Zeit lang bei der Frau Holle, da wurde es traurig und wusste anfangs selbst nicht, was ihm fehlte. Endlich merkte es, dass es Heimweh war; ob es ihm hier gleich vieltausendmal besser ging als zu Hause, so hatte es doch ein Verlangen dahin. Endlich sagte es zu ihr: »Ich habe den Jammer nach Haus gekriegt, und wenn es mir auch noch so gut hier unten geht, so kann ich doch nicht länger bleiben, ich muss wieder hinauf zu den Meinigen.« Die Frau Holle sagte: »Es gefällt mir, dass du wieder nach Hause verlangst, und weil du mir so treu gedient hast, so will ich dich selbst wieder hinaufbringen.« Sie nahm es darauf bei der Hand und führte es vor ein großes Tor. Das Tor ward aufgetan, und als das Mädchen gerade darunter stand, fiel ein gewaltiger Goldregen, und alles Gold blieb an ihm hängen, sodass es über

und über davon bedeckt war. »Das sollst du haben, weil du so fleißig gewesen bist«, sprach Frau Holle und gab ihm auch die Spule wieder, die ihm in den Brunnen gefallen war. Darauf ward das Tor verschlossen, und das Mädchen befand sich oben auf der Welt, nicht weit von seiner Mutter Haus, und als es in den Hof kam, saß der Hahn auf dem Brunnen und rief: »Kikeriki, unsere goldene Jungfrau ist wieder hie.« ➻

9

Da ging das Mädchen hinein zu seiner Mutter, und weil es so mit Gold bedeckt ankam, ward es von ihr und der Schwester gut aufgenommen. Das Mädchen erzählte alles, was ihm begegnet war, und als die Mutter hörte, wie es zu dem großen Reichtum gekommen war, wollte sie der anderen, hässlichen und faulen Tochter gerne dasselbe Glück verschaffen. Sie musste sich an den Brunnen setzen und spinnen; und damit ihre Spule blutig ward, stach sie sich in die Finger und stieß sich die Hand in die Dornhecke. Dann warf sie die Spule in den Brunnen und sprang selber hinein. Sie kam, wie die andere, auf die schöne Wiese und ging auf demselben Pfad weiter. Als sie zu dem Backofen gelangte, schrie das Brot wieder: »Ach, zieh mich raus, zieh mich raus, sonst verbrenn ich, ich bin schon längst ausgebacken.« Die Faule aber antwortete: »Da hätt ich Lust, mich schmutzig zu machen«, und ging fort. Bald kam sie zu dem Apfelbaum, der rief: »Ach, schüttel mich, schüttel mich, wir Äpfel sind alle miteinander reif.« Sie antwortete aber: »Du kommst mir recht, es könnte mir einer auf den Kopf fallen«, und ging damit weiter. Als sie vor der Frau Holle Haus kam, fürchtete sie sich nicht, weil sie von ihren großen Zähnen schon gehört hatte, und verdingte sich gleich zu ihr. Am ersten Tag tat sie sich Gewalt an, war fleißig und folgte Frau Holle, wenn sie ihr etwas sagte, denn sie dachte an das viele Gold, das sie ihr schenken würde; am zweiten Tag aber fing sie schon an zu faulenzen, am dritten noch mehr, da wollte sie morgens gar nicht aufstehen. Sie machte auch der Frau Holle das Bett nicht, wie sich's gebührte, und schüttelte es nicht, dass die Federn aufflogen. Das ward die Frau Holle bald müde und sagte ihr den Dienst auf. Die Faule war damit wohl zufrieden und meinte, nun würde der Goldregen kommen; die Frau Holle führte sie auch zu dem Tor, als sie aber darunter stand, ward statt des Goldes ein großer Kessel voll Pech ausgeschüttet. »Das ist zur Belohnung deiner Dienste«, sagte Frau Holle und schloss das Tor zu. Da kam die Faule heim, aber sie war ganz mit Pech bedeckt, und der Hahn auf dem Brunnen, als er sie sah, rief: »Kikeriki, unsere schmutzige Jungfrau ist wieder hie.« Das Pech aber blieb fest an ihr hängen und wollte, solange sie lebte, nicht abgehen.

Brüder Grimm

Die Wichtelmänner

Es war ein Schuster ohne seine Schuld so arm geworden, dass ihm schließlich nichts mehr übrig blieb als Leder zu einem einzigen Paar Schuhe. Nun schnitt er am Abend die Schuhe zu, die wollte er am nächsten Morgen anfertigen. Morgens, nachdem er sein Gebet verrichtet hatte und sich zur Arbeit hinsetzen wollte, standen die beiden Schuhe ganz fertig auf seinem Tisch. Er wunderte sich und wusste nicht, was er dazu sagen sollte. Er nahm die Schuhe in die Hand, um sie näher zu betrachten: Sie waren so sauber gearbeitet, dass kein Stich daran falsch war, so als wenn es ein Meisterstück sein sollte. Bald darauf trat auch schon ein Käufer ein, und weil ihm die Schuhe so gut gefielen, bezahlte er mehr als gewöhnlich dafür, und der Schuster konnte sich von dem Geld Leder für zwei Paar Schuhe erhandeln. Er schnitt sie abends zu und wollte den nächsten Morgen mit frischem Mut an die Arbeit gehen, aber er brauchte es nicht, denn als er aufstand, waren sie schon fertig, und es blieben auch nicht die Käufer aus, die ihm so viel Geld gaben, dass er Leder für vier Paar Schuhe einkaufen konnte. Er fand frühmorgens auch die vier Paar fertig; und so ging's immer fort, was er abends zuschnitt, das war am Morgen verarbeitet, sodass er bald wieder sein ehrliches Auskommen hatte und endlich ein wohlhabender Mann ward.

Nun geschah es eines Abends nicht lange vor Weihnachten, als der Mann wieder zugeschnitten hatte, dass er vor dem Schlafengehen zu seiner Frau sprach: »Wie wär's, wenn wir diese Nacht aufblieben, um zu sehen, wer uns solche hilfreiche Hand leistet?« ➤

11

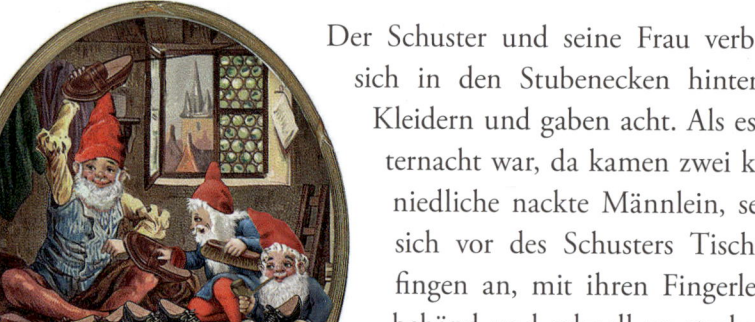

Der Schuster und seine Frau verbargen sich in den Stubenecken hinter den Kleidern und gaben acht. Als es Mitternacht war, da kamen zwei kleine, niedliche nackte Männlein, setzten sich vor des Schusters Tisch und fingen an, mit ihren Fingerlein so behänd und schnell zu stechen, zu nähen, zu klopfen, dass der Schuster vor Verwunderung die Augen nicht abwenden konnte. Sie ließen nicht nach, bis alles zu Ende gebracht war und fertig auf dem Tische stand, dann sprangen sie schnell fort.

Am anderen Morgen sprach die Frau: »Die kleinen Männer haben uns reich gemacht, wir müssten uns doch dankbar dafür zeigen. Sie haben nichts am Leib und müssen frieren. Weißt du, was? Ich will Hemdlein, Rock, Wams und Höslein für sie nähen, auch jedem ein Paar Strümpfe stricken; mach du jedem ein Paar Schühlein dazu.« Der Mann sprach: »Das bin ich wohl zufrieden«, und abends, als sie alles fertig hatten, legten sie die Geschenke statt der zugeschnittenen

Arbeit zusammen auf den Tisch und versteckten sich dann, um mit anzusehen, wie sich die Männlein dazu anstellen würden. Um Mitternacht kamen sie herangesprungen und wollten sich gleich an die Arbeit machen, als sie aber kein zugeschnittenes Leder, sondern die niedlichen Kleidungsstücke fanden, verwunderten sie sich erst, dann aber bezeigten sie eine gewaltige Freude. Mit der größten Geschwindigkeit zogen sie sich an, strichen die schönen Kleider am Leib und sangen: »Sind wir nicht Knaben glatt und fein? Was sollen wir länger Schuster sein!« Dann hüpften und tanzten sie und sprangen über Stühle und Bänke. Endlich tanzten sie zur Türe hinaus. Von nun an kamen sie nicht wieder, dem Schuster aber ging es wohl, solang er lebte, und es glückte ihm alles, was er unternahm.

Brüder Grimm

Erst am 12. Dezember öffnen

12

Der goldene Schlüssel

Zur Winterszeit, als einmal ein tiefer Schnee lag, musste ein armer Junge hinausgehen und Holz auf einem Schlitten holen. Wie er es nun zusammengesucht und aufgeladen hatte, wollte er, weil er so erfroren war, noch nicht nach Haus gehen, sondern erst Feuer anmachen und sich ein bisschen wärmen. Da scharrte er den Schnee weg. Und wie er so den Erdboden aufräumte, fand er einen kleinen

goldenen Schlüssel. Nun glaubte er, wo der Schlüssel wäre, müsste auch das Schloss dazu sein, grub in der Erde und fand ein eisernes Kästchen. »Wenn der Schlüssel nur passt!«, dachte er. »Es sind gewiss kostbare Sachen in dem Kästchen.« Er suchte, aber es war kein Schlüsselloch da, endlich entdeckte er eins, aber so klein, dass man es kaum sehen konnte. Er probierte und der Schlüssel passte glücklich. Da drehte er einmal herum, und nun müssen wir warten, bis er vollends aufgeschlossen und den Deckel aufgemacht hat, dann werden wir erfahren, was für wunderbare Sachen in dem Kästchen lagen.

Brüder Grimm

Der selbstsüchtige Riese

Jeden Nachmittag, wenn sie aus der Schule kamen, pflegten die Kinder in des Riesen Garten zu gehen und dort zu spielen. Es war ein großer, lieblicher Garten mit weichem grünem Gras. Hier und da standen über dem Gras schöne Blumen wie Sterne, und es waren dort zwölf Pfirsichbäume, die im Frühling zarte, rosige und perlfarbene Blüten hatten und im Herbst reiche Früchte trugen. Die Vögel saßen auf den Zweigen und sangen so süß, dass die Kinder ihre Spiele unterbrachen, um ihnen zu lauschen. »Wie glücklich sind wir hier!«, riefen sie einander zu. Eines Tages kam der Riese zurück. Er hatte seinen Freund, den Oger in Cornwall, besucht und war sieben Jahre bei ihm gewesen. Als die sieben Jahre vorbei waren, hatte er alles gesagt, was er wusste, denn seine Unterhaltungsgabe war begrenzt, und er beschloss, in seine eigene Burg zurückzukehren. Als er ankam, sah er die Kinder in dem Garten spielen. »Was macht ihr hier?«, schrie er mit sehr barscher Stimme und die Kinder rannten davon. »Mein eigener Garten ist mein eigener Garten«, sagte der Riese, »das kann jeder verstehen, und ich erlaube niemandem als mir selbst, darin zu spielen.« Deshalb baute er ringsherum eine hohe Mauer und befestigte eine Tafel daran: Eintritt bei Strafe verboten. Er war ein sehr selbstsüchtiger Riese. Die armen Kinder hatten nun keinen Platz, wo sie spielen konnten. Sie versuchten, auf der Straße zu spielen, aber dort war es sehr staubig. Sie pflegten rund um die hohe Mauer zu gehen, wenn ihr Unterricht vorbei war, und von dem schönen Garten dahinter zu reden. »Wie glücklich waren wir dort«, sagten sie zueinander. Dann kam der Frühling und überall im Land gab es kleine Blumen und kleine Vögel. Nur im Garten des selbstsüchtigen Riesen war es noch Winter. Die Vögel wollten darin nicht singen, weil dort keine Kinder waren, und die Bäume vergaßen zu blühen. Einmal steckte eine schöne Blume ihren Kopf aus dem Gras hervor, aber als sie die Tafel sah, taten ihr die Kinder so leid, dass sie wieder in den Boden hinabglitt und sich schlafen legte.

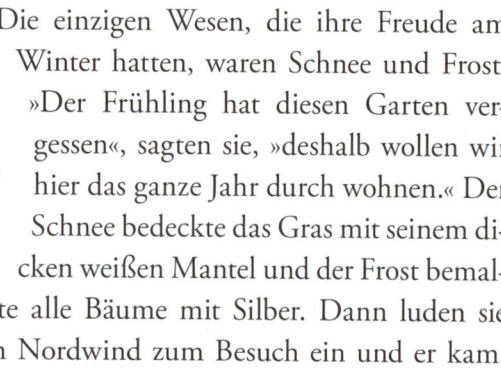

Die einzigen Wesen, die ihre Freude am Winter hatten, waren Schnee und Frost. »Der Frühling hat diesen Garten vergessen«, sagten sie, »deshalb wollen wir hier das ganze Jahr durch wohnen.« Der Schnee bedeckte das Gras mit seinem dicken weißen Mantel und der Frost bemalte alle Bäume mit Silber. Dann luden sie den Nordwind zum Besuch ein und er kam. Er war in Pelze eingehüllt und brüllte den ganzen Tag im Garten herum und blies die Dachkamine herab. »Dies ist ein entzückender Platz«, sagte er. »Wir müssen den Hagel bitten, herzukommen.« So kam der Hagel. Er rasselte jeden Tag drei Stunden lang auf das Dach der Burg, bis er fast alle Dachziegel zerbrochen hatte, und dann rannte er immer im Kreis durch den Garten, so schnell er nur konnte. Er war in Grau gekleidet und sein Atem war wie Eis. »Ich verstehe nicht, warum der Frühling so lange ausbleibt«, sagte der selbstsüchtige Riese, als er am Fenster saß und auf seinen kalten weißen Garten hinaussah. »Hoffentlich gibt es einen Witterungsumschlag.« Aber der Frühling kam überhaupt nicht, ebenso wenig wie der Sommer. Der Herbst brachte in jeden Garten goldene Frucht, nur in des Riesen Garten brachte er keine. »Er ist zu selbstsüchtig«, sagte er. So war es denn dort immer Winter und der Nordwind und der Hagel und der Frost und der Schnee tanzten zwischen den Bäumen umher. Eines Morgens lag der Riese wach im Bett, da hörte er eine liebliche Musik. Sie klang so süß an seine Ohren, dass er glaubte, des Königs Musiker kämen vorbei. Es war in Wirklichkeit nur ein kleiner Hänfling, der draußen vor seinem Fenster sang, aber er hatte so lange Zeit keine Vögel mehr in seinem Garten singen hören, dass es ihm die schönste Musik von der Welt zu sein dünkte. Dann hörte der Hagel auf, über seinem Kopf zu tanzen, der Nordwind brüllte nicht mehr, und ein entzückender Duft kam durch den offenen Fensterflügel zu ihm. »Ich glaube, der Frühling ist endlich gekommen«, sagte der Riese; und er sprang aus dem Bett und schaute hinaus. Was sah er? Er sah das wundervollste Bild. Durch ein kleines Loch in der Mauer waren die Kinder hereingekrochen und saßen in den Zweigen der Bäume. Auf jedem Baum, den er sehen konnte, war ein kleines Kind. Und die Bäume waren so froh, die Kinder wiederzuhaben, dass sie sich selbst mit Blüten bedeckt hatten und ihre Arme zärtlich um die Köpfe der Kinder legten. ⇒

Die Vögel flogen umher und zwitscherten vor Entzücken und die Blumen blickten aus dem grünen Gras hervor und lachten. Es war ein lieblicher Anblick, nur in einer Ecke war noch Winter. Es war die äußerste Ecke des Gartens und in ihr stand ein kleiner Knabe. Er war so winzig, dass er nicht bis zu den Zweigen des Baumes hinaufreichen konnte, und er wanderte immer um ihn herum und weinte bitterlich. Der arme Baum war noch ganz mit Eis und Schnee bedeckt und der Nordwind blies und brüllte über ihn weg. »Klettre hinauf, kleiner Knabe!«, sagte der Baum und bog seine Zweige hinab, so weit er konnte; aber der Knabe war zu winzig. Und des Riesen Herz schmolz, als er hinausblickte. »Wie selbstsüchtig ich gewesen bin«, sagte er; »jetzt weiß ich, warum der Frühling nicht hierherkommen wollte. Ich werde den armen kleinen Knaben oben auf den Baum setzen und dann will ich die Mauer umstoßen und mein Garten soll für alle Zeit der Spielplatz der Kinder sein.« Es tat ihm wirklich sehr leid, was er getan hatte. Er stieg hinab, öffnete ganz sanft die Vordertür und ging hinaus in den Garten. Aber als ihn die Kinder sahen, waren sie so erschrocken, dass sie alle davonliefen und es im Garten wieder Winter wurde. Nur der kleine Junge lief nicht fort, denn seine Augen waren so voll von Tränen, dass er den Riesen

gar nicht kommen sah. Und der Riese stahl sich hinter ihn, nahm ihn
behutsam in die Hand und setzte
ihn auf den Baum. Und der Baum
brach sofort in Blüten aus und die
Vögel kamen und sangen darauf
und der kleine Junge streckte seine
beiden Arme aus, schlang sie rund
um des Riesen Nacken und küsste ihn.
Und als die anderen Kinder sahen, dass der
Riese nicht mehr böse war, kamen sie zurückgerannt, und mit ihnen
kam der Frühling. »Es ist jetzt euer Garten, kleine Kinder«, sagte
der Riese und er nahm eine große Axt und schlug die Mauer nieder. Und als die Leute um zwölf Uhr zum Markt gingen, da fanden
sie den Riesen spielend mit den Kindern in dem schönsten Garten,
den sie je gesehen hatten. Den ganzen Tag lang spielten sie, und des
Abends kamen sie zum Riesen, um sich von ihm zu verabschieden.
»Aber wo ist euer kleiner Gefährte«, fragte er, »der Knabe, den ich
auf den Baum setzte?« Der Riese liebte ihn am meisten, weil er ihn
geküsst hatte.

»Wir wissen nicht, wo der kleine Junge ist«, antworteten die Kinder dem Riesen; »er ist fortgegangen.« »Ihr müsst ihm bestimmt sagen, dass er morgen wieder hierherkommt«, sagte der Riese. Aber die Kinder erklärten, sie wüssten nicht, wo er wohne, sie hatten ihn nie vorher gesehen; und der Riese fühlte sich sehr betrübt. Jeden Nachmittag, wenn die Schule vorbei war, kamen die Kinder und spielten mit dem Riesen. Aber der kleine Knabe, den der Riese liebte, wurde nie wieder gesehen. Der Riese war sehr gütig zu allen Kindern, aber er sehnte sich nach seinem ersten kleinen Freund und sprach oft von ihm. »Wie gerne möchte ich ihn sehen!«, pflegte er zu sagen. Jahre vergingen und der Riese wurde sehr alt und schwach. Er konnte nicht mehr draußen spielen und so saß er in einem hohen Lehnstuhl und beobachtete die Kinder bei ihren Spielen und bewunderte seinen Garten. »Ich habe viele schöne Blumen«, sagte er, »aber die Kinder sind die schönsten Blumen von allen.« Eines Wintermorgens blickte er aus seinem Fenster hinaus, als er sich anzog. Er hasste jetzt den Winter nicht mehr, denn er wusste, dass er nur ein schlafender Frühling war und dass die Blumen sich dann ausruhten. Plötzlich rieb er sich die Augen vor Staunen und schaute atemlos hinaus. Es war wirklich ein wunderbarer Anblick. Im äußersten Winkel des Gartens war ein Baum ganz bedeckt mit lieblichen weißen Blüten. Seine Zweige waren ganz golden, und silberne Früchte hingen von ihnen herab, und darunter stand der kleine Knabe, den er geliebt hatte. In großer Freude rannte der Riese die Treppe hinab und hinaus in den Garten. Er eilte über das Gras und näherte sich dem Kinde. Als er dicht bei ihm war, wurde sein Gesicht rot vor Zorn, und er fragte: »Wer hat es gewagt, dich zu verwunden?« Denn auf den Handflächen des Kindes waren zwei Nagelmale und zwei Nagelmale waren auf den kleinen Füßen. »Wer hat es gewagt, dich zu verwunden?«, schrie der Riese. »Sage es mir, damit ich mein großes Schwert nehme und ihn erschlage.« »Nein!«, antwortete das Kind. »Denn dies sind Wunden der Liebe.« »Wer bist du?«, fragte der Riese und eine seltsame Ehrfurcht befiel ihn und er kniete vor dem kleinen Kinde. Und das Kind lächelte den Riesen an und sagte zu ihm: »Du ließest mich einmal in deinem Garten spielen; heute sollst du mit mir in meinen Garten kommen, der das Paradies ist.« Und als die Kinder an diesem Nachmittag hineinliefen, fanden sie den Riesen tot unter dem Baum liegen, ganz bedeckt mit weißen Blüten.

Oscar Wilde

17

Eisblumen

Nun war draußen nirgendwo mehr eine bunte Blume zu sehen, die Beete im Garten waren mit Tannenzweigen zugedeckt, die Rosenstöcke hatten eine warme Strohkapuze über den Kopf bekommen und auch die Blumenstöcke vorm Fenster waren verwelkt und man hatte sie fortgenommen. »Schade«, sagte das Sofa, das so recht behaglich hinter dem großen Esstisch in der Stube stand und gerade auf das Fenster sehen konnte. »Es war so hübsch, wenn die Blumen uns zunickten und uns erzählten, was draußen auf der Straße vor sich ging.« Die anderen Möbel fanden das auch. Der Tisch meinte zwar, man solle nicht klagen, denn jetzt fange die gemütliche Zeit für die Stube eigentlich erst an! Im Sommer liefen die Menschen alle fort – hinaus in Garten, Wald und Feld. Im Winter aber blieben sie hübsch in der Stube zusammen, erzählten sich was oder lasen sich was vor und so hörten sie – die Möbel – doch eigentlich noch mehr als von den Blumen. Das war wahr. Aber – schöner hatte die Stube doch mit den Blumen ausgesehen, das war ganz sicher. Nun hört, was ein paar Wochen später eines Morgens den Möbeln für eine große Überraschung aufblühte. Es war bitterkalt draußen, und auch in der Stube war es in der Nacht so kalt geworden, dass die Möbel die Betten in der Schlafstube beneideten, die sich so schön mit warmen Federkissen zudecken durften. Da – als der Schrank eben aus dem Schlaf erwachte, tat er vor Verwunderung einen lauten Knacks. Die anderen Möbel wachten alle davon auf, und was sahen sie? Das ganze Fenster war von oben bis unten mit einer schneeweißen, glitzernden Eiskruste bedeckt. Es war kein gewöhnliches, glattes Eis. Ganz sonderbare Gebilde waren darauf zu sehen – wie Blumen, Blätter, Stiele, aber alles ganz durcheinander –, manchmal schwer zu erkennen. ⇒

»Was ist das nur?«, fragte ganz leise das Sofa. Es war ganz benommen von der weißen Glitzerherrlichkeit auf den Fensterscheiben. »Ist der Glaser vielleicht heute Nacht da gewesen und hat heimlich andere Scheiben eingesetzt?«

»Vielleicht ist's hier so ähnlich wie im Häuschen der Hänsel-und-Gretel-Hexe«, meinte der Spiegelschrank. »Die Hexe, die in mir steht, wird die Scheiben in Zucker verwandelt haben.« Bei dem Wort »Zucker« machte die kleine schwarze Fliege, die auch mit in der Stube wohnte, sich schleunigst auf den Weg. Aber ganz enttäuscht kam sie bald zurückgeflogen. »Nein, es ist kein Zucker«, sagte sie. »Es schmeckt auch nicht ein bisschen süß! Aber so rau ist's wie Zucker, das ist wahr.« »Ich glaube, dass es Blumen sind«, sagte das Gießkännchen. Das Ofenrohr, das immer gleich ein bisschen oben hinaus war, sagte zwar: »Ach, schwätzen Sie doch kein Blech!« Aber alle anderen in der Stube gaben dem kleinen Gießkännchen recht. Ja, wer hatte diese seltsamen schneeweißen Blumen aber nur so in aller Herrgottsfrühe ans Fenster gezaubert? Die Möbel hätten es gar zu gerne gewusst! Aber das Fenster – das Einzige, das doch darüber hätte Auskunft geben können –, das war ganz starr und stumm, man wusste nicht, war es das vor lauter Entzücken, oder hatte es jemand mit den weißen Blumen gleich mitverzaubert. Horch – da klang plötzlich von der Straße her ein Lied: »Der Winter hat heut über Nacht viele Blumen mitgebracht. Eisblumen sind's, Eisblumen sind's – habt ihr's euch nicht gedacht?«

Sophie Reinheimer

Von dem Sommer- und Wintergarten

Ein Kaufmann wollte auf die Messe gehen, da fragte er seine drei Töchter, was er ihnen mitbringen sollte. Die älteste sprach: »Ein schönes Kleid«, die zweite: »Ein paar hübsche Schuhe«, die dritte: »Eine Rose.« Aber die Rose zu beschaffen war etwas Schweres, weil es mitten im Winter war. Doch weil die jüngste Tochter eine große Freude an den Blumen hatte, sagte der Vater, er wolle sich recht Mühe darum geben. Als der Kaufmann wieder auf der Rückreise war, hatte er ein prächtiges Kleid für die älteste Tochter und ein paar schöne Schuhe für die zweite gefunden, aber die Rose für die dritte hatte er nicht bekommen. Wie er darüber sann, ob er gar nichts für sein liebstes Kind mitbringen könne, kam er vor ein Schloss mit einem Garten, in dem war es halb Sommer und halb Winter. Auf der einen Seite blühten die schönsten Blumen und auf der anderen war alles kahl und es lag tiefer Schnee. Der Mann stieg vom Pferd herab, und wie er eine ganze Hecke voll Rosen auf der Sommerseite erblickte, war er froh, ging hinzu und brach eine ab. Dann ritt er wieder fort. Er war schon ein Stück geritten, da hörte er etwas hinter sich herlaufen und schnaufen. Er drehte sich um und sah ein großes schwarzes Tier, das rief: »Du gibst mir meine Rose wieder oder ich töte dich!« Da sprach der Mann: »Ich bitte dich, lass mir die Rose, ich soll sie meiner Tochter mitbringen, die ist die Schönste auf der Welt.« »Meinetwegen, aber gib mir die schönste Tochter dafür zur Frau!« Der Mann, um das Tier loszuwerden, sagte Ja und dachte, es wird doch nicht passieren. Das Tier aber rief noch hinter ihm drein: »In acht Tagen komm ich und hol meine Braut.« Der Kaufmann brachte nun einer jeden Tochter mit, was sie gewünscht hatte. Sie freuten sich auch alle darüber, am meisten aber die jüngste über die Rose. Nach acht Tagen saßen die drei Schwestern beisammen am Tisch, da kam etwas mit schwerem Gang die Treppe herauf und an die Türe. ⇥

Eine Stimme ertönte: »Macht auf! Macht auf!« Da machten sie auf und erschraken, als ein großes schwarzes Tier hereintrat. »Weil meine Braut nicht gekommen und die Zeit herum ist, will ich mir sie selber holen.« Damit ging es auf die jüngste Tochter zu und packte sie. Sie fing an zu schreien, das half aber alles nichts, sie musste mit fort, und als der Vater nach Hause kam, war sein liebstes Kind geraubt. Das schwarze Tier trug die schöne Jungfrau in sein Schloss, da war's gar wunderbar und schön, und Musikanten waren darin, und unten war der Garten halb Sommer und halb Winter, und das Tier tat ihr alles zuliebe, was es ihr nur an den Augen absehen konnte. Sie ward dem Tier hold und endlich hatte sie es recht lieb. Einmal sagte sie zu ihm: »Mir ist, als wär mein Vater krank oder eine von meinen

Schwestern, könnte ich sie nur ein einziges Mal sehen!« Da führte das Tier sie zu einem Spiegel und sagte: »Da schau hinein.« Und wie sie hineinschaute, war es, als wäre sie zu Haus: Sie sah ihren Vater, der war wirklich krank aus Herzeleid, weil er sich Schuld gab, dass sein liebstes Kind von einem wilden Tier geraubt und gar von ihm aufgefressen sei. Hätte er gewusst, wie gut es ihr ging, so hätte er sich nicht betrübt. Da ward ihr Herz ganz schwer, und sie bat das Tier, es sollte sie nur ein paar Tage heimgehen lassen. Das Tier wollte lange nicht, aber wie sie so jammerte, hatte es Mitleid mit ihr und sagte: »Geh hin zu deinem Vater, aber versprich mir, dass du in acht Tagen wieder da sein willst.« Sie versprach es ihm, und als sie fortging, rief es noch: »Bleib aber ja nicht länger als acht Tage aus.« ➤

Wie sie heimkam, freute sich ihr Vater, dass er sie noch einmal sah, aber die Krankheit und das Leid hatten schon zu sehr an seinem Herzen gefressen, dass er nicht wieder gesund werden konnte, und nach ein paar Tagen starb er. Da konnte sie an nichts anderes denken vor Traurigkeit und dann weinten die Schwestern zusammen und trösteten sich. Und als sie endlich wieder an ihr liebes Tier dachte, da waren schon längst die acht Tage herum. Da ward ihr angst und es war ihr, als sei das Tier auch krank, und sie machte sich gleich auf zu seinem Schloss. Wie sie wieder ankam, war's ganz still und traurig darin, die Musikanten spielten nicht und alles war mit schwarzem Flor behangen. Der Garten aber war ganz Winter und von Schnee bedeckt. Und wie sie das Tier selber suchte, war es fort, und sie konnte es nicht finden. Da war sie doppelt traurig und wusste sich nicht zu trösten. Einmal sah sie im Garten einen Haufen Kohlhäupter, die waren oben schon faul. Und wie sie ein paar umgedreht hatte, sah sie ihr liebes Tier, das lag darunter und war tot. Geschwind holte sie Wasser und begoss es damit unaufhörlich, da sprang es auf und war auf einmal verwandelt und ein schöner Prinz. Da ward Hochzeit gehalten und die Musikanten spielten gleich wieder, die Sommerseite im Garten kam prächtig hervor, der schwarze Flor ward abgerissen und sie lebten vergnügt miteinander immerdar.

Brüder Grimm

Die Schneeglöckchen

Es war einst ein langer, kalter Winter und der Schnee wollte nicht schwinden. Unter der weißen Decke harrten ein paar Blumenkeime auf ein freundliches Augenzwinkern des Frühlings. Da ihnen die Zeit lang wurde, sprach einer zum anderen: »Horch, Brüderlein, ich möchte es versuchen, wie es draußen aussieht!«, sagte der andere: »Probier's, ich tu mit.« Also haben sie die Keimblätter hübsch zugespitzt, dass sie scharf wurden wie Pfeile und durch den Schnee schießen konnten. Dann versuchten sie's. Hat es sie auch nicht wenig gefroren bei der kalten Arbeit, so gelang es ihnen doch, und nach wenigen Stunden waren sie mit ihren Köpflein ans Tageslicht emporgedrungen. Der Schnee hatte ihnen alle Farbe weggeleckt und sie waren weiß wie Leinen. »Macht nichts!«, sprach eines zum andern und keines ließ sich seine Freude verderben. Darauf wiegten sie lustig die Krone hin und her, dass die Staubfäden wie Hämmerchen an die

Wände schlugen und ein feiner Klang den Wald durchdrang. Das hörte der Winter und dachte sich: »Wird schon der Frühling eingeläutet! Jetzt ist es Zeit, dass du dich aus dem Staube machst. Dem jungen, leichtfertigen Kerl will ich aus dem Wege gehen; ich mag ihn nicht leiden!« Da zog er seinen langen weißen Schneemantel an und trollte sich seiner Wege. Der Frühling aber lauschte bereits hinter den Hecken, und als er vortrat, galt sein erster Gruß den beiden Blumen, und er gab ihnen von nun an den Namen »Schneeglöckchen«, weil sie den Schnee weggeläutet hatten.

Anton Forsteneichner

Die Heilige Nacht

Es war einmal ein Mann, der in die dunkle Nacht hinausging, um sich etwas Feuersglut zu holen. Er ging von Hütte zu Hütte und klopfte an jede Tür. »Helft mir, ihr lieben Leute!«, sagte er. »Mein Weib hat eben ein Kindlein geboren, und ich muss Feuer anzünden, um sie und das Kindlein zu erwärmen.« Aber es war tiefe Nacht, sodass alle Menschen fest schliefen. Niemand antwortete ihm. Der Mann ging immer weiter. Schließlich gewahrte er in weiter Ferne einen hellen Feuerschein. Er wanderte in dieser Richtung fort und sah, dass das Feuer im Freien brannte. Eine Menge weißer Schafe lagerte schlafend ringsumher und ein alter Hirt saß daneben und bewachte die Herde. Als der Mann, der das Feuer holen wollte, die Schafe erreicht hatte, sah er, dass drei große Hunde schlafend zu des Hirten Füßen lagen. Bei seinem Kommen erwachten sie alle drei und sperrten ihre weiten Rachen auf, als ob sie bellen wollten, man vernahm jedoch keinen Laut. Der Mann sah, dass sie auf ihn zustürzten. Aber die Kinnladen und die Zähne, mit denen die Hunde ihn beißen wollten, gehorchten nicht, und der Mann erlitt nicht den geringsten Schaden. Nun wollte er vorwärtsgehen, um zu holen, was er brauchte. Aber die Schafe lagen Rücken an Rücken so dicht gedrängt, dass er nicht vorwärtskam. Und der Mann schritt über die Rücken der Tiere zum Feuer hin. Aber keines erwachte oder bewegte sich. Als der Mann schon beim Feuer angelangt war, blickte der Hirte auf. Er war ein alter, heftiger Mann, unfreundlich und hart gegen alle Menschen. Als er nun einen Fremden nahen sah, griff er nach einem langen, spitzen Stab, den er in der Hand zu halten pflegte, wenn er seine Herde weiden ließ, und schleuderte ihn nach dem Mann. Der Stab flog sausend gerade auf ihn zu, aber ehe er ihn treffen konnte, wich der Stab zur Seite und flog am Mann vorbei ins Feld hinaus. ➡

Nun kam der Mann auf den Hirten zu und sprach zu ihm: »Lieber, hilf mir und lass mich etwas von deiner Feuersglut nehmen! Mein Weib hat eben ein Kindlein geboren, und ich muss Feuer anzünden, um sie und das Kindlein zu erwärmen.« Der Hirt hätte es ihm am liebsten abgeschlagen, aber er dachte daran, dass seine Hunde diesem Mann keinen Schaden hatten zufügen können, dass die Schafe nicht vor ihm davongelaufen waren und dass sein Stab ihn nicht hatte niederstrecken wollen. Da wurde ihm etwas bange zumute, und er wagte nicht, ihm die Bitte abzuschlagen. »Nimm, so viel du brauchst!«, sagte er zu dem Mann. Das Feuer war jedoch fast gänzlich niedergebrannt. Nur ein großer Gluthaufen lag da, und der Fremde hatte weder Schaufel noch Eimer, um darin die rot glühenden Kohlen heimzutragen. Aber der Mann beugte sich nieder, las mit bloßen Händen die glühenden Kohlen aus der Asche und wickelte sie in seinen Mantel und die Kohlen versengten ihm weder Hände noch Mantel. Als jener Hirt, der ein so böser und heftiger Mensch war, all dies sah, rief er den Fremden zurück und sprach zu ihm: »Was ist das für eine Nacht? Und wie kommt es, dass alle Dinge dir Barmherzigkeit zeigen?« Da sprach der Mann: »Das kann ich dir nicht sagen, wenn du es nicht selber erkennst.« Und er wollte seines Weges gehen, um bald ein Feuer anzuzünden und sein Weib und Kind erwärmen zu können. Der Hirt aber stand auf und ging ihm nach, bis er dorthin kam, wo der Fremde hauste. Da sah der Hirt, dass der Mann nicht einmal eine Hütte besaß, um darin zu wohnen, sondern sein Weib und Kind lagen in einer Felsenhöhle, die nur nackte, kalte Steinwände hatte. Und der Hirt dachte, dass das arme unschuldige Kind vielleicht in dieser Höhle erfrieren und sterben würde, und obwohl er ein hartherziger Mann war, rührte ihn dieses Elend. Er löste seinen Ranzen von der Schulter und nahm daraus ein weiches weißes Schaffell, gab es dem fremden Mann und sagte, er solle das Kindlein darauf betten. Aber sobald er gezeigt hatte, dass auch er barmherzig sein konnte, wurden ihm die Augen geöffnet, und er sah, was er zuvor nicht wahrgenommen hatte, und hörte, was zuvor seinen Ohren verschlossen war: Er sah, dass er inmitten einer dichten Schar kleiner silberbeschwingter Engel stand, und alle sangen mit jubelnder Stimme, dass in dieser Nacht der Heiland geboren sei. Da verstand er. Voll Freude, dass seine Augen geöffnet waren, sank er auf die Knie und lobte Gott.

Selma Lagerlöf

Barbara Behr
Edition

5 4 3 2   27 26 25 24
ISBN 978-3-649-67168-8

© 2023 Coppenrath Verlag GmbH & Co. KG,
Hafenweg 30, 48155 Münster, Germany
Alle Rechte vorbehalten.
Illustrationen: Barbara Behr
Gestaltung: Helene Hillebrand
Redaktion: Valerie Flakowski

www.coppenrath.de